AF248246

DES DEUX

PROJETS DE LOIS

RELATIFS AUX COLONIES.

PAR

MONDÉSIR RICHARD,

MANDATAIRE GÉNÉRAL ET SPÉCIAL DES HOMMES DE COULEUR
DE LA GUADELOUPE ET DE MARIE-GALANTE.

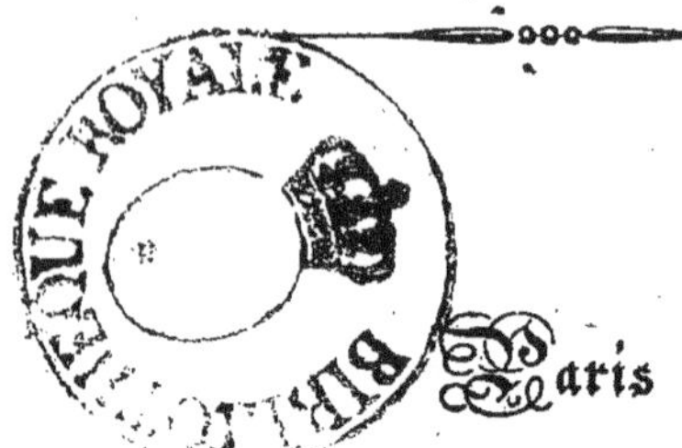

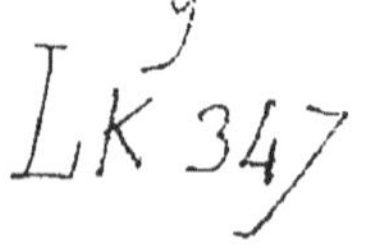

Paris

IMPRIMERIE DE GOETSCHY FILS ET COMPAGNIE,
RUE LOUIS-LE-GRAND, N° 35

1833.

PROJETS DE LOIS

RELATIFS AUX COLONIES.

Dans l'état actuel des choses, qu'est-ce que notre système colonial, considéré dans ses rapports avec les hommes de couleur? *Leur exclusion de toutes charges, de toutes fonctions publiques.*

Ce système n'est plus tolérable, le gouvernement le sait, le proclame et veut le changer; il ne veut plus désormais, aux colonies, que deux classes d'hommes : des libres égaux en droits et des esclaves. Mais quel moyen emploie-t-il pour constituer la société coloniale sur cette base nouvelle? Voilà ce qu'il s'agit d'examiner.

Deux lois sont proposées : l'une pour reconnaître à toute personne née libre, ou ayant acquis légalement la liberté, les droits civils et politiques. Cette loi est imparfaite, en ce sens, qu'elle ne fixe pas le sort des *patronés ou libres de fait*, et qu'elle laisse ainsi subsister une troisième classe intermédiaire entre les libres de droit et les esclaves. Le gouvernement est donc en contradiction avec lui-même, en maintenant les libres de fait dans une position exceptionnelle. Ils ne pourront plus être traités comme des esclaves (voyez l'arrêt de la Cour de cassation du 9 mars 1833, dans l'affaire du patroné Louisy), mais ils ne seront pas traités non plus comme les personnes nées libres, ou ayant acquis légalement la liberté. La jouissance des droits civils et des droits politiques leur est interdite. Nouveaux parias de cette nouvelle législation, ils auront bientôt pris la place des hommes de couleur, et ceux-ci formeront à leur tour une autre classe que j'appellerai *quasi-blanche*, qui surgira infailliblement de la combinaison de cette loi et de la loi organique, par les conditions exorbitantes attachées à l'exercice des droits politiques. Ainsi, au lieu des trois classes actuellement existantes, il y en aura quatre : 1° des blancs privilégiés par le fait; 2° des hommes de couleur *quasi-blancs* ayant leurs droits civils et politiques, mais ne pouvant exercer ces derniers droits ; 3° des patronés ou libres de fait, sans droits civils ni politiques; 4° enfin, des esclaves.

La seconde loi est une loi d'organisation qui détermine les matières qui seront traitées 1° par les Chambres; 2° par les ordonnances royales; 3° par les Conseils Coloniaux. Cependant, la Charte de 1830, dit article 64 : « Les colonies seront régies par des *lois* particulières. » Mais cette Charte s'est évidemment trompée ; elle a voulu dire comme celle de 1814 : « Les colonies seront régies par des lois et des *réglemens* particuliers. » Il le faut croire du moins, et ce mot *réglemens* reste sous-entendu, puisque le gouvernement a proposé et que la Chambre des Pairs a adopté, sur cette base, la division des matières. Sans cette malencontreuse interprétation de l'article 64, la législature seule eut été apte à constituer les colonies, car à elle seule il appartient de faire des lois; soit des lois générales pour le royaume, soit des lois *particulières pour nos colonies*; les ordonnances royales eussent réglé l'exécution de ces lois, et les Conseils Coloniaux auraient conservé les attributions des Conseils de départemens. C'est ainsi que tout le monde avait compris l'article 64; mais en le torturant, on a arraché de ses entrailles le mot *réglemens*, et personne n'a voulu voir qu'il en sortait *biffé* par la Chambre de 1830.

En effet, dans le rapport fait par M. Dupin aîné au nom de la commission chargée de réviser la Charte, on lit :

« Les ministres avaient toujours interprété
» l'article 73 relatif aux colonies, en ce sens
» qu'elles étaient soumises, non à l'action régu-
» lière de la législation, mais à l'action instable
» des réglemens les plus bizarres. Nous sommes
» rentrés dans la *légalité*, en disant que *les colo-*
» *nies seront régies par des lois particulières*. Ce
» dernier mot indique assez que ces lois devront

» être spéciales, appropriées à l'état des colo-
» nies, et soumises à un système progressif d'a-
» mélioration; cela suffira par conséquent pour
» rassurer tous les habitans des colonies et pour
» les attacher de plus en plus à la métropole;
» LEURS BESOINS ET LEURS GRIEFS NE SERONT PLUS
» SOUSTRAITS A L'IMPARTIALE INVESTIGATION DU
» LÉGISLATEUR. » (*Séance du soir du 6 août* 1830,
Moniteur du 8.)

Dans tous les cas, ne serait-il pas d'une justice
rigoureuse de laisser dans le domaine de la
législature toutes les matières d'un ordre élevé?

1° Les lois relatives à l'exercice des droits politiques.

2° Les lois civiles et criminelles concernant
les personnes libres, et les lois pénales détermi-
nant, pour les personnes non-libres, les crimes
auxquels les peines afflictives et infamantes sont
applicables.

3° Les lois qui régleront les pouvoirs spéciaux

des gouverneurs, en ce qui est relatif aux mesures de haute police et de sûreté générale.

4° Les lois sur l'organisation judiciaire.

5° Les lois sur le commerce, le régime des douanes, la répression de la traite des Noirs, et celles qui auront pour but de régler les relations entre la métropole et les colonies.

6° Les lois sur l'organisation administrative, *le régime municipal compris.*

7° Les lois sur la police de la presse.

8° Les lois sur l'instruction publique.

9° Les lois sur l'organisation et le service des *gardes nationales.*

10° Les lois sur les conditions et les formes d'affranchissement, ainsi que sur les recensemens.

11° Les lois sur les améliorations à introduire dans la condition des personnes non-libres.

Qui, mieux que les Chambres, apporterait

dans la discussion de ces graves intérêts plus de prudence, d'impartialité, de désintéressement ? Elles ne connaissent pas, dit-on, les colonies. Qu'est-ce à dire ? Le gouvernement lui-même suppose-t-il qu'elles manquent de lumières, et qu'en étudiant ces matières, elles ne parviendront jamais à les comprendre? ou bien croit-il, que pour certains objets tout-à-fait de localité, la direction des colonies et les conseils coloniaux ne seront pas aptes à les éclairer? Tous les députés possèdent-ils à un même degré des connaissances spéciales sur les fers, sur les sucres, par exemple? Eh bien ! ne voyons-nous pas chaque jour ces questions discutées, approfondies, et les hommes spéciaux faire passer leur conviction dans la majorité ? Il en serait de même pour les colonies; les Chambres comptent d'ailleurs dans leur sein une foule d'hommes qui les connaissent peut-être mieux que ceux qui y sont nés, parce qu'ils les ont vues sans prévention contre les colons, sans préjugés contre les hommes de couleur. De deux choses l'une : ou les Chambres possèdent en même tems que le droit la capacité nécessaire, ou elles ne la possèdent pas. Dans le premier cas, ne faites pas dire à l'article 64 de la Charte ce qu'il ne dit pas, et laissez la législature régler seule, par des lois émanées d'elle, la condition de chacune de nos colonies, de la même manière et au même titre qu'elle règle le sort des diverses parties de l'empire, tantôt par des lois générales, tantôt par des décisions particulières. Dans le second cas, ne confiez rien à son vote, elle se trompera ausssi bien sur un point que sur un autre. Mais cela, nous ne le pensons pas; et s'il est un fait qui domine nos longues et incessantes réclamations, c'est que les hommes de couleur, loin de viser à l'indépendance des colonies, ont constamment demandé qu'elles fussent placées sous le patronage des Chambres. Qu'elles prononcent entre nous, et ceux qui déclinent ce patronage!

Ces principes posés et reconnus, deux moyens s'offraient au gouvernement pour faire arriver les hommes de couleur à l'exercice de leurs droits politiques, et leur assurer la part qui leur est due, dans la gestion des affaires locales. Le premier, le seul peut-être qui ne présente aucun danger et qui renferme des garanties certaines pour toutes les classes dans l'avenir, c'était de former les colléges électoraux et les conseils coloniaux, mi-partie de blancs, mi-partie d'hommes de couleur, ce qui pouvait se pratiquer, sans déroger en aucune façon au principe d'égalité posé dans la première loi; cette institution qui a bien des analogues dans l'histoire, devenait, selon moi, la consécration naturelle de ce principe, en même tems qu'elle fermait la bouche aux craintes habilement exagérées de voir envahir les conseils coloniaux par les hommes de couleur, et qu'elle remédiait au malheur bien réel, car c'en est un aujourd'hui, de les en écarter.

L'autre moyen se trouvait dans une fixation raisonnable du cens électoral et de celui d'éligibilité : c'est celui que le gouvernement adopte ; mais en l'adoptant que fait-il ? précisément le contraire de ce qu'il devrait faire; on va le voir.

A l'heure qu'il est, pour être électeur aux colonies, il ne faut payer aucun cens, il suffit d'être officier dans la garde nationale. Mais, comme on vient de nommer des hommes de couleur officiers, on crée un cens électoral de 3oo francs. Les hommes de couleur qui ne possèdent que la moyenne propriété n'arriveront dans les colléges que dans la proportion *de 1 sur 7 blancs*; c'est M. le rapporteur de la commission de la Chambre des Pairs qui, sur les documens fournis par la direction des colonies, le déclare. A l'heure qu'il est, pour être éligible au conseil colonial, il ne faut payer qu'un cens de 3oo francs. Mais, comme les hommes de couleur seront éligibles, on double ce cens et on le porte à 6oo francs!!! Voilà comme le gouvernement entend modifier le systême colonial et faciliter aux hommes de couleur l'exercice de leurs droits politiques! N'est-il pas évident, que loin d'apporter la plus légère amélioration à ce déplorable systême qui laisse exclusivement aux mains des blancs le monopole de toutes les charges, de tous les emplois publics et de toutes les influences qui en découlent, on le rend plus déplorable encore, en suscitant ces nouveaux obstacles aux hommes de couleur, obstacles que l'on n'a voulu revêtir de la sanction légale, que pour les rendre plus efficaces, et qui ne sont en réalité qu'un moyen mal déguisé, de retirer d'une main ce qu'on donne de l'autre? On appellera les hommes de couleur *Monsieur*, a dit un ministre-député en 1830. La prophétie s'accomplit!!!

MESSIEURS LES DÉPUTÉS,

Organe des hommes de couleur de la Guadeloupe et de Marie-Galante, je me démets en ce moment de ma qualité de mandataire, pour être plus libre dans mes prières, pour pouvoir élever vers vous une voix suppliante et vous demander l'adoption de la loi déclarative de principe avec les amendemens proposés à la dernière session par la commission dont M. Martin (du Nord) était le rapporteur, en même tems que le rejet pur et simple de la loi organique comme essentiellement contraire aux intérêts généraux des colonies. Députés de la France, j'implore votre appui; tendez une main secourable aux malheureux hommes de couleur; ne souffrez pas que l'on rive constitutionnellement leurs fers! Ils désirent ardemment, ils appellent de tous leurs vœux une nouvelle organisation coloniale; mais ils la demandent juste, équitable, et non pas attentatoire à leurs droits, droits tout aussi sacrés que ceux des blancs, droits d'hommes libres qu'ils n'ont pas révendiqués pour les abandonner ensuite.

La loi organique rejetée et le principe d'égalité posé par l'adoption de la première loi, laissons faire M. le ministre de la marine et M. le directeur des colonies; j'ai foi en leurs lumières, confiance dans leur bon vouloir, et j'appelle du ministre et du directeur mal informés au ministre et au directeur mieux informés. Voyons ce qu'ils feront de ces parias du nouveau monde devenus si laborieusement citoyens; mais ne laissez pas à l'autorité locale le droit de leur dire, la loi à la main : Faites fortune, payez 300 et 600 francs de contributions, quand c'est cette même autorité qui leur fermait toutes les voies pour arriver à ce cens électoral qu'elle leur impose et à la richesse qu'elle exige.

MONDÉSIR RICHARD,

Mandataire général et spécial des hommes
de couleur de la Guadeloupe et de
Marie-Galante.

Paris, le **25** *Mars ,* 1833.